ABRIENDO nuevos caminos

EDICIÓN PATHFINDER

Por Dana Jensen y Peter Winkler

CONTENIDO

El rostro de la historia.

Esta actriz representa a Sacagawea en la película de National Geographic Lewis y Clark: el gran viaje al Oeste.

¿QUIÉN FUE SACAGAWEA?

Por Dana Jensen

EL VIENTO AZOTABA el largo cabello de la muchacha. Los caballos galopaban a toda velocidad, y ella se sujetaba con todas sus fuerzas, sin saber adónde la llevaban. Lo único que sabía era que se alejaba cada vez más de su hogar.

Una nueva vida

La niña era Sacagawea, una joven amerindia, miembro del pueblo shoshone de Idaho.

Durante una incursión, otra tribu la secuestró cuando tenía aproximadamente 12 años. Esto sucedió aproximadamente en el año 1800. Después de pasar cuatro años con esa tribu, se casó con un comerciante de pieles.

En 1804, conoció a Meriwether Lewis y William Clark, que estaban acampando en una zona cercana durante el invierno. El hecho de conocerlos cambió su vida.

El presidente Thomas Jefferson había contratado a Lewis y Clark para una **expedición** importante: hacer un mapa del Oeste. Su misión era llegar al Océano Pacífico, para lo cual crearon un equipo llamado el **Cuerpo** de Descubrimiento.

Debían encontrar la mejor manera de atravesar el país. Se encontrarían con amerindios y viajarían por lugares que nunca habían visto.

Lewis y Clark sabían que Sacagawea podría ayudarlos. Algunas de las tierras que atravesarían pertenecían a los shoshone, y ella hablaba el idioma y podía comerciar para conseguir caballos.

El esposo de Sacagawea también sería útil como **intérprete**, así que, en 1805, Lewis y Clark contrataron a la pareja. Sacagawea, de sólo 17 años, era la única mujer del grupo.

Lejos de la civilización

El equipo partió en abril de 1805. Sacagawea acababa de tener un hijo que viajó con ellos, atado a la espalda de su madre.

Un mes después, estaban en el Río Missouri cuando se desató una fortísima tormenta. Sacudió violentamente sus botes, haciendo que casi se hundiera el bote de Sacagawea y arrastrando al río gran parte de las herramientas y documentos del equipo.

Sacagawea entró en acción, recuperando los artículos del agua y evitando así que su valiosa información se perdiera para siempre.

Joven explorador. *El hijo de Sacagawea la acompañó durante el viaje.*

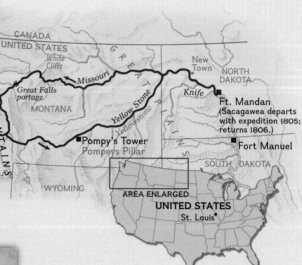

Ft. Clatsop
(winter camp 1805-06)

WASHINGTON

PACIFIC OCEAN

Columbia

Portland

OREGON

IDAHO

Present-day boundaries
and names shown in gray.

0 mi — 200

0 km — 200

ART BY LASZLO KUBINYI
NATIONAL GEOGRAPHIC MAPS

Sacagawea is
reunited with
her tribe
August 17, 1805.

Traveler's
Rest

ROCKY MOUNTAINS

Bitterroot Range

Great Falls
portage

MONTANA

Pompy's Tower
Pompeys Pillar

WYOMING

CANADA
UNITED STATES

White
Cliffs

Missouri

Yellow Stone
Yellowstone

GREAT PLAINS

Knife

New
Town

NORTH
DAKOTA

Ft. Mandan
(Sacagawea departs
with expedition 1805;
returns 1806.)

Fort Manuel

SOUTH
DAKOTA

AREA ENLARGED
UNITED STATES
St. Louis

HACIA
⁓ EL ⁓
DESCUBRIMIENTO

Abril de 1803: Francia vende el territorio de Luisiana a los Estados Unidos.

Julio de 1803: El presidente Thomas Jefferson contrata a Lewis y Clark para que exploren el nuevo territorio.

Mayo de 1804: Lewis y Clark parten de St. Louis para comenzar el viaje hacia el Oeste.

Abril de 1805: Lewis y Clark piden a Sacagawea que se una a la expedición.

Agosto de 1805: Sacagawea y su hermano se reencuentran.

Noviembre de 1805: La expedición llega al noroeste del Pacífico.

Marzo de 1806: El grupo comienza el viaje de regreso a casa.

Agosto de 1806: Sacagawea regresa a su pueblo de origen.

Septiembre de 1806: Lewis y Clark finalizan la expedición en St. Louis.

Un viaje muy largo

En agosto de 1805, el Cuerpo de Descubrimiento llegó al territorio de los shoshone y Sacagawea reconoció de inmediato al jefe. ¡Era su hermano!

Después de abrazarse y celebrar, Sacagawea comerció con él. Consiguió caballos para ayudar al Cuerpo a atravesar las altas montañas que se encontraban más adelante.

Después de siete meses y 4.000 kilómetros (2.500 millas), el Cuerpo se acercaba al final de su viaje. Empezaba a hacer frío, y necesitaban un lugar donde pasar el invierno. Todos, incluyendo a Sacagawea, votaron dónde debían quedarse.

Decidieron construir un campamento, al que llamaron Fuerte Clatsop, a pocas millas del océano. Era un área que hoy forma parte de Oregón.

El invierno resultó largo y riguroso, y casi se les acabó la comida.

Afortunadamente, el grupo se enteró de que había una ballena muerta en una playa cercana, lo que les proporcionaría comida y suministros muy necesarios.

Actores que representan a Lewis y Clark.

Sacagawea, que quería ver el océano, pidió ir con los hombres a buscar la ballena. Esta fue la única vez que pidió algo. El resto del Cuerpo le permitió acompañarlos.

Una difícil excursión.
Sacagawea nunca se quejaba y su resistencia sorprendió a los hombres del Cuerpo de Descubrimiento.

Hogar, dulce hogar

En marzo de 1806, el equipo emprendió el largo regreso a casa. En el camino de regreso, pasaron por tierras en las que Sacagawea había jugado de niña. Dado que conocía la zona, pudo ayudarlos a encontrar una ruta más fácil para cruzar las montañas.

Después de caminar durante dieciséis meses, Sacagawea, su hijo y su esposo llegaron a casa: habían viajado 8.000 kilómetros (5.000 millas).

El viaje había sido agotador. Atravesaron altas cumbres, lucharon contra ríos embravecidos y sobrevivieron a ventiscas intensas.

No se sabe mucho de la vida de Sacagawea después del fin de la expedición. Se sabe que tuvo una hija poco tiempo después y es probable que haya muerto alrededor de los veinticinco años de edad.

Durante el viaje, Clark se había encariñado con el hijo de Sacagawea. Después de la muerte de Sacagawea, Clark se hizo cargo del niño y de su hermana. Clark llamó al niño Pomp, que en shoshone significa "líder".

El legado de Sacagawea

Sacagawea fue uno de los motivos del éxito del Cuerpo. No sólo fue un símbolo de paz para los amerindios que encontraron en el camino, sino que además pudo hablar y comerciar con algunos grupos. Ayudó a encontrar comida cuando el Cuerpo de Descubrimiento no tenía qué comer.

La leyenda de Sacagawea perdura hasta la actualidad. Se dice que hay más estatuas de ella en el país que de ninguna otra mujer estadounidense. Es una parte importante de la historia de los Estados Unidos, y todos debemos enorgullecernos de ella. Era valiente y fuerte. Puede que no sepamos mucho de ella, pero sí sabemos que es una de las principales mujeres de los Estados Unidos.

VOCABULARIO

cuerpo: grupo de personas que trabaja de manera conjunta en un proyecto

expedición: viaje con el fin de explorar

intérprete: persona que dice lo que se está diciendo en otro idioma

5

Cuentos del CAMINO

Una obra de Peter Winkler

Presidente Thomas Jefferson

La expedición de Lewis y Clark se llevará una gran sorpresa. Revive los hechos con esta obra de teatro para el salón de clases.

El presidente Thomas Jefferson era un hombre con un gran sentido de la curiosidad. Durante años había querido saber más sobre las tierras al oeste del Río Mississippi, y por ese motivo, pidió a Meriwether Lewis que liderara una expedición, o viaje especial, para recabar información. Lewis formó un equipo con un viejo amigo llamado William Clark.

Juntos guiaron a un grupo de exploradores desde St. Louis hasta llegar al Océano Pacífico. En el camino, el grupo incorporó algunos miembros nuevos. El miembro más famoso fue una mujer shoshone (sho-sho-ne) llamada Sacagawea (sa ka ga WI a).

La obra se desarrolla en agosto de 1805. Después de viajar durante más de un año, Lewis y Clark han llegado a las Montañas Bitterroot de Montana e Idaho.

"El portal de la Montañas Rocallosas". *Así llamó Meriwether Lewis al paisaje de Montana. Su equipo recorrió en canoa este tramo del Río Missouri en julio de 1805. Lewis escribió que estos eran "los [acantilados] más excepcionales que hemos visto hasta ahora".*

PERSONAJES

Cameahwait, *jefe shoshone*

Toussaint Charbonneau, *intérprete*

William Clark, *capitán*

George Drouillard, *intérprete*

Pez Saltarín, *adolescente shoshone*

Meriwether Lewis, *capitán*

Hugh McNeal, *soldado*

John Ordway, *sargento*

Sacagawea, *intérprete shoshone*

John Shields, *soldado*

Mujer shoshone

Niña shoshone

ESCENA 1: Una gran tarea

(Lewis, Drouillard (drui YAR), Shields y McNeal entran y se quedan de pie a un costado del escenario.)

Lewis: Tenemos una gran tarea por delante, hombres. Debemos encontrar algunos indios: ¡pronto! Mientras tanto, el capitán Clark está guiando al resto del grupo río arriba. Nos volveremos a encontrar en algunos días.

McNeal: Hemos conocido muchísimos indios durante estos meses. ¿Por qué es tan importante conocer más?

Lewis: Caballos.

McNeal: No lo comprendo, capitán.

Shields: ¡Mira qué escarpadas son esas cumbres! Necesitamos caballos para acarrear nuestros equipos y sólo hay una manera de conseguir caballos.

Cabalgata salvaje.
Atravesar las Montañas Rocallosas resultaría ser un enorme desafío. El equipo no podía acarrear todas sus pertenencias a pie. ¿Qué podían hacer? La única posibilidad era encontrarse con los indios y comerciar para obtener caballos.

Drouillard: Comerciar con los indios. Eso es, si logramos encontrarlos.

(Los exploradores comienzan a caminar y a mirar hacia todos lados.)

McNeal: Sacagawea dice que su pueblo vive cerca, ¿no es cierto?

Lewis: Sí. Se llaman indios shoshone. Desde luego, no los ha visto en cuatro años; no desde que la secuestraron durante una incursión.

Drouillard: Pobrecilla. Debe haber estado aterrorizada, y luego terminó casándose con ese comerciante francés, Charbonneau (char bo NO).

Shields: Ese tipo es lo más despreciable que he visto. Realmente no puedo creer que forme parte de nuestro equipo.

Lewis: ¡Mucho cuidado con lo que dices!

Shields: Lo siento, capitán. Por lo menos trajo a Sacagawea con él. Ella es fuerte y resistente.

McNeal: Nunca la he visto demostrar miedo.

Drouillard: Nunca la he visto demostrar ninguna emoción.

Lewis: Ya basta de cháchara. Si hay indios en los alrededores, no queremos asustarlos y que se vayan. Dudo que los shoshone hayan visto alguna vez gente blanca y pueden pensar que somos sus enemigos.

(Los exploradores caminan en silencio y siguen mirando a su alrededor. En ese mismo momento, entran una mujer y una niña shoshone. Se quedan de pie a cierta distancia, observando cuidadosamente.)

ESCENA 2: **Primer contacto**

(Las shoshone susurran entre sí.)

Niña shoshone: Esos no pertenecen a nuestro pueblo.

Mujer shoshone: No. No los reconozco.

Niña shoshone: ¿Han venido a atacarnos?

Mujer shoshone: No lo sé. Siéntate y quédate quieta, y tal vez no nos vean.

(Las shoshone se sientan con los brazos cruzados y las cabezas gachas. Lewis pronto las ve, y él y sus hombres se detienen. Susurran.)

Lewis: ¿Las ven?

Los otros: Sí.

Lewis: Esperen aquí. Me acercaré, lentamente. McNeal, dame la bandera. Shields, consígueme algunos collares de cuentas.

(Shields cuelga algunos collares de cuentas alrededor del cuello de Lewis, y McNeal le entrega una pequeña bandera de EE.UU. Lewis la extiende y la sostiene en alto a medida que avanza lentamente.)

Lewis: No soy un enemigo: vengo a comerciar.

(Lewis repite las frases hasta llegar adonde están las indias. Luego, toca suavemente el brazo de la mujer y la ayuda a ponerse de pie. La niña observa y luego también se pone de pie. Lewis le da a cada una un collar de cuentas.)

Lewis: ¡Saludos! Me llamo Meriwether Lewis, y no soy un enemigo. Soy un amigo.

Niña shoshone: ¿En serio?

Lewis: Sí. Mi pueblo vive muy lejos, hacia el Este. Nuestro gran padre, Thomas Jefferson, me envió a explorar estas tierras.

Niña shoshone: ¿Qué quiere de nosotros?

Lewis: Me gustaría conocer a su jefe.

Mujer shoshone: Bueno, no nos lastimó ni nos mató, así que me arriesgaré y confiaré en usted. Venga a conocer a nuestro pueblo.

(Lewis hace un gesto a sus hombres para que se acerquen, y salen todos juntos.)

ESCENA 3: ¿Dónde están?

(Entran Clark, Charbonneau, Ordway, Sacagawea y todos los demás exploradores. Hacen la mímica de estar remando en una canoa a medida que atraviesan lentamente el escenario. Durante todo ese tiempo, Sacagawea mantiene la misma cara inexpresiva.)

Charbonneau: Estoy cansado. Estoy muy cansado. ¿No podemos detenernos durante algunos minutos?

Ordway: ¡Terrible perezoso! No haces más que quejarte. Tu esposa trabaja más que tú.

Charbonneau: ¡Cierra el pico, Ordway! No soy uno de tus soldados.

Ordway: No me cabe ninguna duda. Tú nunca… *(Clark interrumpe.)*

Clark: ¡Suficiente, los dos! Mantengan la boca cerrada y los ojos abiertos. El capitán Lewis debe estar por aquí cerca. Partió casi una semana antes que nosotros.

Charbonneau: Sí, capitán.

Ordway: Perdón, capitán.

(Clark saca un catalejo y recorre el paisaje.)

Ofrecimiento de paz. *Después de varios días de búsqueda, Meriwether Lewis se encontró con dos indias shoshone, el 13 de agosto de 1805. Les regaló collares de cuentas y otros objetos como símbolos de paz y amistad.*

Clark: Puedo ver personas, pero no distingo quiénes son. Movámonos con rapidez.

(Todos reman rápidamente.)

Ordway: Ahora los veo. Ahí están Shields y McNeal.

Sacagawea: Y ese es el Capitán Lewis.

Clark: Parece que encontró algunos indios. Espero que comercien con nosotros.

(Sacagawea abre los ojos bien grandes y sonríe de oreja a oreja.)

Clark: ¿Qué sucede?

Sacagawea: Esos son… Esos son…

Charbonneau: ¡¿Qué, qué?! ¡Dinos de una vez!

Sacagawea: Esos… son… de mi… pueblo.

(Todos dejan de remar y bajan a la orilla.)

ESCENA 4: ¿Se acuerdan de mí?

(Clark y su grupo se quedan quietos. Lewis y sus hombres avanzan hacia ellos. También lo hacen Cameahwait (CA mo weit), Pez Saltarín y los extras que representan indios shoshone. Los capitanes se gritan uno al otro.)

Lewis: ¡Capitán Clark!

Clark: ¡Capitán Lewis!

Lewis: ¿Todo bien?

Clark: Sí. ¿Y usted??

Lewis: Muy bien.

(Mirando fijo a Sacagawea, Pez Saltarín salta de emoción. Luego ella corre a su encuentro.)

Pez Saltarín: ¡Sacagawea! ¿Eres tú? ¿Eres realmente tú?

Sacagawea: ¡Sí, sí!

Pez Saltarín: Nunca pensé que volvería a verte.

(Las dos se abrazan.)

McNeal: ¿Qué hacen?

Cameahwait: Hace cuatro años, las dos jóvenes fueron secuestradas. Una escapó saltando a un río, por eso la llamamos Pez Saltarín.

(A medida que los dos grupos se aproximan, los shoshone y los exploradores se abrazan. Los exploradores dan collares de cuentas y espejos a los shoshone.)

Lewis: Espero que nuestros pueblos sean amigos durante muchos años.

Clark: Ambos podemos beneficiarnos del comercio.

Cameahwait: Nos gustaría comerciar. Necesitan caballos, y tal vez tengan cosas que nos resulten útiles.

(Sacagawea mira fijamente a Cameahwait. Luego corre hasta él y lo saluda.)

Drouillard: ¿Y ahora qué?

Pez Saltarín: Nuestro jefe es el hermano de Sacagawea. Se han reencontrado gracias a ustedes.

Sacagawea: Mi pueblo. Mi familia. Cómo he soñado con este momento, pero jamás me atreví a pensar que algún día mi sueño se haría realidad.

Cameahwait: La tristeza se ha transformado en alegría. Bienvenida a casa, hermana. Bienvenidos y gracias, nuevos amigos.

(Todos hacen una reverencia.)

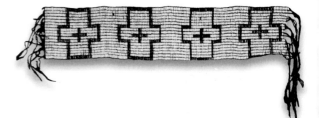

Rostro famoso. *En el año 2000, los logros de Sacagawea fueron reconocidos en una moneda de un dólar.*

Personas extraordinarias
Una expedición extraordinaria
Lee sus fichas para descubrir por qué.

WILLIAM CLARK

NACIÓ: 1° de agosto de 1770, en el condado de Caroline, Virginia

CONOCIMIENTOS Y HABILIDADES:
cartografía, navegación fluvial, negociar con los indios

PUNTOS DESTACADOS DE SU CARRERA:
se unió a la milicia de la frontera (1789); se retiró como oficial del ejército de los Estados Unidos (1796); lideró la expedición para llegar al noroeste del Pacífico junto con Meriwether Lewis (1804–06); director de Asuntos Indígenas (1808–38); publicó los diarios de la expedición (1814); gobernador del territorio de Missouri (1813–21)

MURIÓ: 1° de septiembre de 1838, en St. Louis, Missouri

MERIWETHER LEWIS

NACIÓ: 18 de agosto de 1774, cerca de Charlottesville, Virginia

CONOCIMIENTOS Y HABILIDADES:
historia natural, medicina, geografía y escritura

PUNTOS DESTACADOS DE SU CARRERA:
se unió al ejército de los EE. UU. (1794), alcanzó el grado de capitán (1800); secretario privado del presidente Thomas Jefferson (1801); lideró la expedición para llegar al noroeste del Pacífico junto con William Clark (1804–06); gobernador del territorio de Luisiana (1807)

MURIÓ: 10 de octubre de 1809, cerca de Nashville, Tennessee

SACAGAWEA

NACIÓ: hacia 1788, en el valle del Río Lemhi, cerca de la actual frontera entre Idaho y Montana

CONOCIMIENTOS Y HABILIDADES:
intérprete de shoshone, conocimiento de plantas comestibles y de técnicas para conseguir alimentos, conocimiento de puntos de referencia, símbolo de las intenciones pacíficas de la expedición

PUNTOS DESTACADOS DE SU CARRERA:
capturada durante una incursión de los hidatsa y llevada a Dakota del Norte (aprox. 1800); casada con Toussaint Charbonneau (aprox. 1804); tuvo un hijo, Jean Baptiste (11 de febrero de 1805); se unió a la expedición al noroeste del Pacífico (7 de abril de 1805); salvó los diarios de Clark cuando el barco estuvo a punto de hundirse (14 de mayo de 1805); se reencontró con su hermano Cameahwait, lo que permitió que la expedición continuara y cruzara las Montañas Rocallosas (mediados de agosto de 1805); vio el Océano Pacífico (noviembre de 1805)

MURIÓ: el 20 de diciembre de 1812(?), en el Fuerte Manuel, sobre el Río Missouri, en lo que actualmente forma parte de Dakota del Sur

Atravesando fronteras
NUEVAS

Sigue el ejemplo de Sacagawea. Abre nuevos caminos para responder estas preguntas.

1 ¿Cuál fue el propósito de la expedición de Lewis y Clark?

2 ¿Quién fue Sacagawea?

3 Al comienzo de la obra, ¿por qué quiere Lewis encontrar amerindios?

4 ¿De qué manera ayudó a la expedición la relación de Sacagawea con el jefe shoshone Cameahwait?

5 ¿Qué habilidades aportó Sacagawea al Cuerpo de Descubrimiento? ¿En qué diferían las habilidades de Lewis y Clark?